Curso
MAD360

La diferencia entre aprobar y sacar plaza

Camarero/a-Limpiador/a
COMUNIDAD AUTÓNOMA DE EXTREMADURA

Si aún no dispones de tu **Curso MAD360**, te ofrecemos un acceso GRATIS de 30 días para que disfrutes de los siguientes recursos:

- Técnicas de Memoria 360.
- MADTEST: Test Nivel PRO.
- Temario en formato digital.
- Vídeos.
- Planificación de estudio.
- Foro entre opositores hasta la fecha del examen.*
- Recursos y novedades exclusivas.
- Consulta sobre la oposición y el proceso selectivo.
- Actualizaciones legislativas (Boletines Oficiales) hasta 60 días antes de la fecha del examen.*

AF212332

Para acceder a esta prueba del Curso MAD360** será necesaria la compra de todos los libros para esta especialidad de la edición 2025.

Regístrate en **mad.es/iniciar-sesion** y en la pestaña BIBLIOTECA valida los códigos que encuentras en la última página de tus libros.

NOTA IMPORTANTE:

* Examen de esta categoría profesional correspondiente a la convocatoria publicada en el DOE n.º 250, de 27 de diciembre de 2024, o hasta el 31 de marzo de 2026, lo que se cumpla antes, y previa renovación del servicio.

** El acceso al CURSO MAD360 estará disponible desde marzo de 2025 (algunos recursos podrían estar disponibles en fecha posterior). Tendrá una duración de 30 días RENOVABLES mediante pago, desde la validación de códigos, o hasta el 30 de septiembre de 2026, lo que se cumpla antes.

MAD se reserva el derecho a ampliar dichas fechas.

Camarero/a-Limpiador/a de la Administración de la Comunidad Autónoma de Extremadura (Personal Laboral Grupo V)

Marzo 2025

Camarero/a-Limpiador/a de la Administración de la Comunidad Autónoma de Extremadura (Personal Laboral Grupo V)

Test

Autores

ANA MARÍA SERRANO BÁRCENA
Licenciada en Biología

LIDIA MARINA PONCE MARTÍNEZ
Licenciada en Psicología
Máster en Terapia Familiar y de Sistemas

FRANCISCO JESÚS TORRES FONSECA
Licenciado en Derecho

JUAN MANUEL GIL RAMOS
Licenciado en Medicina. Master en Salud Ambiental.

HERMINIA ANDRADES ROMERO
Diplomada en Fisioterapia. Técnico Superior en Imagen para el Diagnóstico.

ENCARNA ROJO FRANCO
Autora de libros de texto: Oposiciones y Certificados de Profesionalidad

© 7 Editores Recursos para la Cualificación Profesional y el Empleo, S.L. (7 Editores)
© Los autores
Primera edición, marzo 2025 (80 páginas)
Derechos de edición reservados a favor de 7 Editores
IMPRESO EN ESPAÑA
Diseño Portada: 7 Editores
Edita: 7 Editores
Avda. San Francisco Javier, 9 · Edificio Sevilla 2 · Planta 11 · Módulos 25-27 · 41018 Sevilla
Teléfono: 954 784 411 · WEB: www.mad.es · e-mail: administracion@7editores.com
ISBN: 978-84-142-9218-1
© "Editorial Mad" y "Eduforma" son nombres comerciales registrados de
7 Editores Recursos para la Cualificación Profesional y el Empleo, S.L.

Índice

Cómo superar con éxito un examen tipo test

1. ¿Qué es un examen tipo test?

En estas pruebas cada pregunta se acompaña de múltiples alternativas de respuesta (3, 4 o 5), de las que usualmente solo una es correcta. Hay ocasiones en que pueden ser varias las respuestas correctas: "Señale las opciones que son ciertas". De cualquier forma, eso es algo que quedará claro cuando el examinador dé las orientaciones oportunas al inicio de la prueba.

Las **principales características** de este tipo de pruebas son:

- Requieren de un gran dominio del temario, necesario para, ante la duda, discriminar la respuesta correcta.

- De forma muy general, podemos decir que en los exámenes oficiales suele haber dos tipos de preguntas: las sencillas, que cualquiera que se haya preparado medianamente el temario puede responder correctamente, y las complejas, que requieren una preparación más exhaustiva y, por lo tanto, son las que deciden la posición que ocuparemos en las listas.

- Normalmente las respuestas erróneas restan 0,33, es decir, que por cada 3 respuestas incorrectas se descuenta una acertada.

Pero, para hacer un buen examen de tipo test no es suficiente con memorizar el temario. A continuación aportamos algunas sugerencias para la preparación de este tipo de exámenes.

2. ¿Cómo estudiar para un examen tipo test?

- Asegúrate de disponer del programa oficial de la convocatoria en el que se recogen los temas sobre los que te preguntarán.

- Confecciona o adquiere el temario oficial desarrollado y su libro de test respectivo (te será muy útil para autoevaluarte y ponerte en situación de examen).

- Estudia cada tema siguiendo el proceso básico de aprendizaje: desarrolla un marco general y apréndete bien los detalles.

- Revisa varias veces el tema y hazte preguntas.

- Procura discriminar las ideas principales de las secundarias.

- Al estudiar conceptos considera lo que es necesario incluir en su definición.

- Asegúrate de comprender y utilizar la terminología específica de la materia.

- Una vez que hayas revisado de forma sistemática todo el material, es necesario comenzar el proceso de asimilación de la información:

  * Confecciona fichas en las que se asocien las palabras claves con la información relacionada.

* Realiza diagramas y cuadros sinópticos que resuman las ideas principales del tema: intenta retener su imagen.

* Utiliza diferentes reglas mnemotécnicas para retener, por ejemplo, series de conceptos. Construye palabras con las iniciales de los términos a memorizar.

– Cuando hayas estudiado un tema, realiza su correspondiente test.

Es, pues, el momento de conocer algunas pautas para hacer bien este tipo de exámenes.

3. Estrategias para hacer un examen tipo test

Obviamente, la mejor manera de asegurarse una buena puntuación en el examen es ir bien preparado. Las siguientes orientaciones nos serán muy útiles para sacar el mejor partido a nuestra anterior inversión: el estudio en profundidad de la materia en cuestión.

– No pierdas de vista el reloj: controla el tiempo de que dispones para hacer el examen.

– Seguramente el examinador aclarará en las instrucciones previas si las respuestas erróneas descuentan o no; si no lo hace, pregúntalo.

– Presta atención a la forma en la que has de señalar la respuesta correcta: si lo haces mal puede que ni siquiera te corrijan el examen.

– Lee todas las preguntas antes de empezar (algunas te darán pistas para resolver otras) y señala las que te resultan más fáciles de contestar.

– Lee detenidamente las preguntas y todas las opciones de respuesta.

– Responde con agilidad; no te detengas mucho tiempo en las que no estás seguro.

– No pares la lectura cuando creas haber encontrado la que te parece que es la respuesta; puede ocurrir que la opción siguiente es más correcta, con lo que esa es la respuesta válida.

– Contesta primero las preguntas que sabes con seguridad y deja para más tarde las que te plantean dudas; así te asegurarás los puntos de las que te sabes bien.

– Nunca cambies una respuesta ya dada si no estás absolutamente seguro.

– Vuelve después sobre las preguntas que dejaste sin contestar en la primera vuelta. Quizás ahora algunas te resulten más fáciles por estar más relajado al tener algunos puntos seguros y/o por haber encontrado algunas pistas en las ya contestadas.

– Normalmente, suelen ser incorrectas las opciones:

* Que no concuerdan gramaticalmente con el enunciado.

* Que no pertenecen al mismo tema de la pregunta.

* Que poseen un estilo de formulación diferente al de las demás opciones.

- Si las alternativas difieren solo en una o dos palabras, prueba a leer el enunciado de la pregunta seguido de cada opción; a veces este método resulta útil para conocer cuál lo completa adecuadamente.

- Ten cuidado con las alternativas "todas las anteriores" o "ninguna de las anteriores": son muy inclusivas y para que estas sean ciertas hay que ir confirmando o anulando respectivamente, todas las anteriores.

- Atiende a los "todos", "nunca", "algunos", "sí", "no", ya que son determinantes en el significado del enunciado.

- Cuidado con las alternativas que contienen "nunca" y "siempre", ya que son muy restrictivas; para elegirlas hay que estar completamente seguros. La mayoría de las veces son incorrectas.

- En cambio, "a veces" y "ocasionalmente" tienen más posibilidades de resultar correctos.

- Si te resulta menos lioso, puedes intentar contestar a todas las preguntas de un mismo tema, así evitarás la mezcla de contenidos propia de este tipo de exámenes.

- Cuidado con las alternativas demasiado largas o enunciadas de manera informal; la mayoría de las veces son engañosas.

- Te resultará muy útil conocer sufijos, prefijos y raíces de palabras para deducir el significado de términos desconocidos.

- A veces se puede saber la respuesta por eliminación de las anteriores: la opción correcta es la que no es incorrecta.

- Si el método anterior no es suficiente y aún queda duda entre dos opciones, relaciónalas con el enunciado y compáralas entre ellas. Procura que sea una adivinación inteligente.

- Si las sugerencias anteriores no te han ayudado y las respuestas incorrectas no puntúan, escoge la B o la C: parece que los que redactan los exámenes camuflan las soluciones mayor número de veces entre estas opciones.

4. Recomendaciones para aliviar la tensión antes del examen

Para poder rendir al máximo el día del examen es conveniente estar en buenas condiciones físicas y mentales. Para ello es fundamental tener en cuenta estos consejos:

- Empezar a repasar durante las tres o cuatro semanas anteriores al día del examen.

- Recuerda que repasar es recordar ideas ya estudiadas, no consultar nada más ni intentar aprender nada nuevo.

- Acude a los esquemas y cuadros sinópticos que hiciste para cada tema. Intenta retener su imagen.

- Los periodos de repaso deben ser cortos y siempre se deben alternar con periodos de descanso.

- Deja de estudiar uno o dos días antes de los exámenes. La mala costumbre de repasar hasta el último momento tiene el efecto de incrementar el nivel de ansiedad y de aumentar la probabilidad de aparición de bloqueos mentales durante el examen.

- El día antes del examen procura realizar actividades que te sean agradables y relajantes: ir al cine, escuchar música, quedar con amigos para charlar tranquilamente... Actividades todas ellas que habían quedado aparcadas, seguramente, desde que comenzaste tu plan de estudios.

- Evita charlar con los compañeros de oposición el día antes y los momentos previos a la prueba: suelen incrementar el nivel de ansiedad.

- Es conveniente repasar la noche antes todos los útiles que necesitarás llevarte al examen: reloj, lápiz, goma, sacapuntas, bolígrafo, carnet de identidad, calculadora (si permiten su utilización), etc. Así evitarás que por la mañana, con los nervios, te olvides alguna cosa.

- Descansa bien la noche antes: procura distraer tu mente y no pensar en el examen. Lo ideal es dormir alrededor de ocho horas.

- Las comidas previas al examen también tienen su importancia: si la prueba es por la mañana toma un desayuno suave y si es por la tarde, un ligero tentempié. Evita las comidas copiosas que adormecen y dificultan la concentración.

- Si el examen es en un lugar desconocido conviene que lo visites con antelación, para conocer el itinerario que debes tomar, el edificio y el aula donde se realizará. Así te sentirás más seguro cuando llegue el momento.

- Procura llegar temprano al examen: sal con suficiente antelación por si encontraras atascos, sufrieras alguna avería (si vas en coche) o encontraras el camino elegido cortado. Tampoco es aconsejable que llegues con demasiada antelación: suele haber compañeros que quieren intercambiar opiniones sobre la materia en el último momento.

El personal de limpieza al servicio de la Junta de Extremadura: derechos y obligaciones. El personal de limpieza como servidor de los usuarios de los centros

1. El empleo en el sector público se caracteriza por estar configurado por un modelo:

a) Unitario de personal funcionario.

b) Unitario de personal estatutario.

c) Dual de regímenes jurídicos, personal funcionario y personal laboral.

d) De tres regímenes jurídicos, personal funcionario, personal laboral y personal de designación.

2. El EBEP contiene:

a) Aquello que es común al conjunto de los empleados públicos de todas las Administraciones Públicas.

b) Las normas legales específicas aplicables a los empleados públicos de todas las Administraciones Públicas.

c) Aquello que es común al conjunto de los funcionarios de todas las Administraciones Públicas, más las normas legales específicas aplicables al personal laboral a su servicio.

d) Aquello que es común al conjunto del personal laboral de todas las Administraciones Públicas, más las normas legales específicas aplicables al personal funcionario a su servicio.

3. El personal laboral al servicio de las Administraciones Públicas NO puede desempeñar puestos:

a) Correspondientes a áreas de actividades que requieran conocimientos técnicos especializados.

b) En el extranjero con funciones administrativas de trámite y colaboración y auxiliares, aunque comporten manejo de máquinas, archivo y similares.

c) Cuyas actividades sean propias de oficios.

d) Que impliquen la participación directa o indirecta en la salvaguardia de los intereses generales del Estado y de las Administraciones Públicas.

4. Conforme al EBEP, es un derecho individual de los empleados públicos la intimidad en el uso de dispositivos de videovigilancia y geolocalización, así como:

a) La utilización de medios electrónicos en el ejercicio de sus funciones.
b) La desconexión digital.
c) El acceso a internet.
d) La salvaguarda de sus contraseñas de acceso.

5. Conforme al V Convenio Colectivo del Personal laboral al servicio de la Administración de la Comunidad Autónoma de Extremadura, la siguiente retribución tiene carácter básico:

a) El complemento específico general.
b) El complemento de carrera profesional.
c) El complemento de destino.
d) El complemente de antigüedad.

6. Es una condición para que el personal laboral fijo pueda participar en una permuta, conforme al V Convenio colectivo:

a) Que los puestos de trabajo a permutar sean del mismo Grupo profesional.
b) Que los trabajadores hayan permanecido en sus puestos de trabajo más de 3 años ininterrumpidamente.
c) Que en el plazo de 5 años a partir de la concesión no se les pueda autorizar otra permuta a cualquiera de los interesados.
d) No podrá autorizarse permuta entre trabajadores fijos cuando a alguno de ellos le falten menos de 5 años para cumplir la edad ordinaria de jubilación.

7. ¿Qué porcentaje corresponde al mérito de servicios prestados en la misma categoría y especialidad en los concursos de traslado del personal laboral fijo de la Administración de la Comunidad Autónoma de Extremadura?

a) El 15 % de la puntuación máxima alcanzable.
b) El 30 % de la puntuación máxima alcanzable.
c) El 40 % de la puntuación máxima alcanzable.
d) El 45 % de la puntuación máxima alcanzable.

8. Podrá participar en los concursos de méritos para ocupar puestos vacantes de Directores de Centros Infantiles, Hogares de Tercera Edad, Hogar Club de Ancianos Trajano, Centro Ocupacional y Centros de Atención a Discapacitados:

a) El personal laboral fijo con al menos 2 años de antigüedad en la Junta de Extremadura.
b) El personal laboral fijo perteneciente al Grupo I.
c) El Personal laboral fijo perteneciente a los Grupos I y II.
d) El personal laboral fijo perteneciente a los Grupos I, II y III con al menos 2 años de antigüedad en la Junta de Extremadura.

9. La compensación por las horas extraordinarias del personal laboral podrá hacerse de común acuerdo entre las partes, mediante el disfrute de tiempo de descanso, con el incremento del 75 %. En este caso, dicho tiempo se acumulará hasta formar jornadas de trabajo completas, teniendo en cuenta las necesidades del servicio y dentro de un plazo máximo de:

a) 4 meses.
b) 6 meses.
c) 9 meses.
d) 12 meses.

10. En caso de fallecimiento, accidente o enfermedad graves, u hospitalización que requiera la presencia del trabajador junto al enfermo, cuando se trate de un familiar en segundo grado de afinidad y el hecho se produjera en localidad distinta de la de residencia del trabajador, el personal laboral en el ámbito del V Convenio Colectivo tendrá derecho a un permiso de:

a) 2 días.
b) 4 días.
c) 5 días.
d) 7 días.

11. Por traslado de domicilio que comporte traslado de localidad, el personal laboral tendrá derecho a un permiso de:

a) 2 días.
b) Hasta 3 días.
c) 4 días.
d) Hasta 5 días.

12. De las 16 semanas del permiso de paternidad por el nacimiento, guarda con fines de adopción, acogimiento o adopción de un hijo o hija, serán en todo caso de descanso obligatorio:

a) Las 3 semanas inmediatas posteriores al hecho causante.
b) 3 de ellas.
c) No hay obligación de disfrutar semana alguna de descanso.
d) Las 6 semanas inmediatas posteriores al hecho causante.

13. Conforme al artículo 24 del V Convenio Colectivo, los trabajadores fijos podrán solicitar con quince días de antelación un permiso sin sueldo:

a) Por periodo no inferior a 10 días ni superior a un año, cada 3 años.
b) Por periodo no inferior a 10 días ni superior a 3 meses, cada año.
c) Por periodo no inferior a 1 mes ni superior a 3 meses, cada 3 años.
d) Por periodo no inferior a 15 días ni superior a 1 mes, cada año.

14. El reingreso al servicio activo del personal laboral excedente forzoso deberá solicitarse:

a) En el plazo de 10 días a partir del cese en la situación que motivó la excedencia.
b) En el plazo de 20 días a partir del cese en la situación que motivó la excedencia.
c) En el plazo de 1 mes a partir del cese en la situación que motivó la excedencia.
d) En el plazo de 3 meses a partir del cese en la situación que motivó la excedencia.

15. Conforme al artículo 52 del EBEP, los empleados públicos desempeñarán con diligencia las tareas que tengan asignadas, debiendo actuar con arreglo a una serie de principios, entre los que NO figura el siguiente:

a) Transparencia.
b) Dedicación exclusiva.
c) Honradez.
d) Promoción del entorno cultural y medioambiental.

16. Es un principio de conducta de los empleados públicos establecido en el artículo 54 del EBEP:

a) Mantendrán actualizada su formación y cualificación.
b) Guardarán secreto de las materias clasificadas u otras cuya difusión esté prohibida legalmente, y mantendrán la debida discreción sobre aquellos asuntos que conozcan por razón de su cargo.
c) No aceptarán ningún trato de favor o situación que implique privilegio o ventaja injustificada, por parte de personas físicas o entidades privadas.
d) Respetarán la Constitución y el resto de normas que integran el ordenamiento jurídico.

17. Es una falta grave del personal laboral incluido en el ámbito del V Convenio Colectivo:

a) El retraso reiterado, la negligencia o descuido en el cumplimiento del trabajo.
b) Más de tres faltas de asistencia al trabajo durante un mes, sin causa que lo justifique.
c) El incumplimiento o abandono de las normas y medidas de prevención de riesgos laborales cuando del mismo puedan derivarse riesgos o daños para el propio trabajador, otros trabajadores u otras personas.
d) El incumplimiento de las normas sobre incompatibilidades.

18. Por falta grave, podrá sancionarse al trabajador incluido en el ámbito del V Convenio Colectivo con suspensión de empleo y sueldo:

a) De 1 a 3 meses.
b) De 3 a 5 meses.
c) De 3 días a 1 año.
d) De 5 días a 5 meses.

19. Las faltas leves del personal sujeto al V Convenio prescribirán a partir de la fecha en que la Secretaría General tenga conocimiento de su comisión:

a) A los 10 días.
b) Al mes.
c) A los 20 días.
d) A los 60 días.

20. ¿Qué actitud o sentimiento lleva consigo una mejora tanto personal como colectiva, traducida en que el trabajador se comporta de forma agradable produciendo una impresión de amabilidad hacia el cliente?

a) Disciplina.
b) Responsabilidad.
c) Servilismo.
d) Positividad.

En MADTEST tienes **más preguntas de este tema** y todos tus avances quedan registrados y se reflejan en el ranking.

¡Supera tus límites con MADTEST!

Solución al test n.º 1

1. c) Dual de regímenes jurídicos, personal funcionario y personal laboral.

2. c) Aquello que es común al conjunto de los funcionarios de todas las Administraciones Públicas, más las normas legales específicas aplicables al personal laboral a su servicio.

3. d) Que impliquen la participación directa o indirecta en la salvaguardia de los intereses generales del Estado y de las Administraciones Públicas.

4. b) La desconexión digital.

5. d) El complemento de antigüedad.

6. c) Que en el plazo de 5 años a partir de la concesión no se les pueda autorizar otra permuta a cualquiera de los interesados.

7. c) El 40 % de la puntuación máxima alcanzable.

8. d) El personal laboral fijo perteneciente a los Grupos I, II y III con al menos 2 años de antigüedad en la Junta de Extremadura.

9. a) 4 meses.

10. b) 4 días.

11. b) Hasta 3 días.

12. d) Las 6 semanas inmediatas posteriores al hecho causante.

13. a) Por periodo no inferior a 10 días ni superior a un año, cada 3 años.

14. c) En el plazo de 1 mes a partir del cese en la situación que motivó la excedencia.

15. b) Dedicación exclusiva.

16. a) Mantendrán actualizada su formación y cualificación.

17. c) El incumplimiento o abandono de las normas y medidas de prevención de riesgos laborales cuando del mismo puedan derivarse riesgos o daños para el propio trabajador, otros trabajadores u otras personas.

18. d) De 5 días a 5 meses.

19. a) A los 10 días.

20. d) Positividad.

TEST N.º 2

Organización del espacio y del tiempo. Conceptos generales sobre sistemas de limpieza y desinfección. Principales productos de limpieza. Identificación de los productos de limpieza y desinfección. Composición e información sobre las propiedades de sus componentes. Dosificación. Significado de los símbolos utilizados en las etiquetas de los productos. Identificación de peligros

1. ¿Qué objetivos persigue la limpieza?

a) Eliminar cualquier suciedad que estropee la estética.
b) Mantener las condiciones higiénicas sin deteriorar las superficies.
c) Contribuir a los accidentes y a las enfermedades profesionales.
d) Todas las respuestas son correctas.

2. ¿Qué representa el círculo de Sinner?

a) El equilibrio entre cuatro factores: temperatura, tiempo, acción mecánica y acción química.
b) La relación que existe entre el uso de maquinaria, aplicación de productos, y tiempo dedicado al trabajo.
c) Ambas respuestas son correctas.
d) Ambas respuestas son falsas.

3. ¿Cuáles de los siguientes suelos no es duro?

a) Gres.
b) Mármol.
c) Madera.
d) Baldosas cerámicas.

4. ¿Qué tipo de tratamiento se puede dar a los suelos plásticos para protegerlos?

a) Cristalización.
b) Vitrificado.
c) Aplicación de film.
d) Decapado.

5. ¿Qué tipo de suciedad constituyen las grasas?

a) Emulsionables.
b) Solubles en agua.
c) Orgánicas solubles.
d) Inorgánicas insolubles.

6. ¿Qué afirmación es cierta sobre los productos de limpieza usados en un centro?

a) Se recomienda el uso de desinfectantes de alto nivel (amplio espectro) para desinfectar instrumentos no críticos, ni superficies.
b) Se recomienda la utilización de aldehídos para la desinfección de superficies, dada su toxicidad.
c) Se usarán desinfectantes fenólicos en pediatría.
d) En la elección de los detergentes y desinfectantes se ha de tener siempre en cuenta la compatibilidad con el material a desinfectar y las posibilidades de utilización segura.

7. ¿Qué productos se incluyen entre los detergentes?

a) Productos cuya finalidad principal es el lavado.
b) Producto cuya finalidad principal es la limpieza y mantenimiento de objetos.
c) Productos cuya finalidad principal es la desinfección.
d) Todos estos están incluidos en la denominación de detergente.

8. ¿Qué es la detergencia?

a) La propiedad de mojar.
b) La capacidad de romper una suciedad compacta.
c) La capacidad de disolver la suciedad.
d) El poder humectante de un producto.

9. ¿Qué función tienen los reforzantes en el detergente?

a) Mejorar ciertas propiedades características de los componentes fundamentales.
b) Aportan propiedades adicionales a la acción específica de la limpieza.
c) Logran el tipo de presentación y concentración deseadas de un detergente o un limpiador.
d) Aportan propiedades particulares a las de los componentes fundamentales en la acción específica de la limpieza.

10. ¿Cómo se denomina la parte activa de un detergente?

a) Humectante.
b) Tensioactivo.
c) Coadyuvante.
d) Carga.

Solución al test n.º 2

1. b) Mantener las condiciones higiénicas sin deteriorar las superficies.

2. a) El equilibrio entre cuatro factores: temperatura, tiempo, acción mecánica y acción química.

3. c) Madera.

4. c) Aplicación de film.

5. a) Emulsionables.

6. d) En la elección de los detergentes y desinfectantes se ha de tener siempre en cuenta la compatibilidad con el material a desinfectar y las posibilidades de utilización segura.

7. a) Productos cuya finalidad principal es el lavado.

8. c) La capacidad de disolver la suciedad.

9. a) Mejorar ciertas propiedades características de los componentes fundamentales.

10. b) Tensioactivo.

TEST N.º 3

Utensilios y maquinaria de limpieza. Limpieza integral de los centros de trabajo: Techos, paredes, cristales, materiales decorativos y sanitarios suelos y escaleras

1. Es una característica de la fliselina:

a) Alta flamabilidad.
b) Poca resistencia a la abrasión.
c) Genera pelusas e hilachas libres en condiciones normales de uso.
d) Resistente al calor.

2. El aparato eléctrico que frota un disco en el suelo para succionar la suciedad de la superficie, se denomina:

a) Pulidora.
b) Monocepillo.
c) Aspirador mixto.
d) Vaporosa.

3. ¿Para qué uso está diseñada la fregadora automática?

a) Espacios reducidos.
b) Exteriores.
c) Pasillos.
d) Habitaciones.

4. ¿Cómo serán los dos cubos del carro para sistema de doble cubo?

a) Del mismo color.
b) De entre 3-5 litros.
c) De distinto color.
d) De distinta forma.

5. Los paños son clasificados por colores en función de donde vayan a ser utilizados. ¿De qué color ha de ser el paño que se utilice únicamente para limpiar los sanitarios que no sea retrete?

a) Azul.
b) Rojo.
c) Amarillo.
d) Verde.

6. El carro de limpieza para el sistema de doble cubo o rasante dispondrá de una bandeja para material de cuartos de baño y otra para material de limpieza de mobiliario, con una profundidad mínima de:

a) 10 centímetros.
b) 15 centímetros.
c) 20 centímetros.
d) 30 centímetros.

7. El carro de limpieza para el sistema de doble cubo o rasante dispondrá de dos cubos pequeños para la limpieza de superficies diferentes al suelo, y para limpiar los paños después de cada habitación, de color:

a) Azul y rojo.
b) Blanco y negro.
c) Azul y verde.
d) Amarillo y rojo.

8. ¿Cómo se lava una bayeta multiusos?

a) Con polvo en seco.
b) Con detergente alcalino.
c) Con detergente neutro.
d) A mano, no se pueden lavar a máquina.

9. ¿Qué tipo de bayeta necesita ser humedecida con agua o solución de detergente neutro para su uso?

a) Bayeta de celulosa.
b) Bayeta ecológica.
c) Bayeta de tela sin tejer.
d) Bayeta preimpregnada.

10. ¿Qué tipo de bayeta no necesita ningún líquido específico para limpiar?

a) Bayeta de tela sin tejer.
b) Bayeta de celulosa.

c) Bayeta ecológica.
d) Bayeta multiusos.

11. ¿Para qué se utiliza principalmente la gamuza?

a) Limpiar el polvo de cristales y espejos.
b) Limpiar suelos.
c) Absorber líquidos.
d) Desinfectar superficies.

12. ¿Qué método se utiliza para clasificar los paños según la suciedad que deben limpiar?

a) Método de los tres colores.
b) Método de los dos cubos.
c) Método de limpieza profunda.
d) Método de desinfección cruzada.

13. ¿Qué herramienta formada por un mango y base trapezoidal se utiliza para realizar una limpieza higiénica del polvo en superficies lisas o rugosas?

a) Fregona.
b) Mopa.
c) Aspiradora.
d) Gamuza.

14. ¿Cuál es la característica principal de una fregona de microfibras con inserciones de goma?

a) Absorber grandes cantidades de líquido.
b) Ayudar a levantar la suciedad del suelo.
c) Ser desechable.
d) No necesitar escurridor.

15. ¿Qué tipo de utensilio de limpieza, si se ha utilizado para la desinfección de algún área, debe ser sumergido en desinfectante por tres o cuatro horas para su mantenimiento?

a) Fregona.
b) Bayeta.
c) Paño.
d) Mopa.

16. ¿Cuál es una característica importante de un carro mopa especial?

a) Escurridor de palanca corta.
b) Sistema limpiador de agua.

c) Material de madera.
d) Sin ruedas.

17. ¿Qué maquinaria de limpieza debe contar con protección eléctrica Clase I?

a) Aspiradora de polvo.
b) Fregadora automática.
c) Maquinaria de limpieza en general.
d) Toda la maquinaria de limpieza debe contar con protección eléctrica Clase II.

18. ¿Qué tipo de aspirador tiene un filtro total HEPA?

a) Aspirador de agua.
b) Aspirador de polvo.
c) Fregadora automática.
d) Son correctas las opciones a) y b).

19. ¿Cuál es una función del depósito del aplicador de desinfectante?

a) Aspirar polvo.
b) Barrer superficies.
c) Dosificar correctamente el producto desinfectante.
d) Limpiar cristales.

20. ¿Qué componente del aplicador de desinfectante permite utilizar paños intercambiables?

a) Depósito.
b) Eje.
c) Soporte.
d) Asa.

En MADTEST tienes **más preguntas de este tema** y todos tus avances quedan registrados y se reflejan en el ranking.

¡Supera tus límites con MADTEST!

Solución al test n.º 3

1. d) Resistente al calor.

2. b) Monocepillo.

3. c) Pasillos.

4. c) De distinto color.

5. c) Amarillo.

6. b) 15 centímetros.

7. a) Azul y rojo.

8. c) Con detergente neutro.

9. c) Bayeta de tela sin tejer.

10. c) Bayeta ecológica.

11. a) Limpiar el polvo de cristales y espejos.

12. a) Método de los tres colores.

13. b) Mopa.

14. b) Ayudar a levantar la suciedad del suelo.

15. a) Fregona.

16. b) Sistema limpiador de agua.

17. d) Toda la maquinaria de limpieza debe contar con protección eléctrica Clase II.

18. d) Son correctas las opciones a) y b).

19. c) Dosificar correctamente el producto desinfectante.

20. c) Soporte.

Limpieza de oficinas y despachos: Mobiliario, equipos informáticos, fotocopiadoras. Limpieza de habitaciones: Muebles, elementos decorativos y cuartos de baños

1. El fregado de suelos de despachos se realiza:

a) Con fregona y un cubo.
b) Con carro mopa de doble cubo.
c) Con escoba.
d) Con fregadoras.

2. Las áreas administrativas en general disponen de:

a) Ordenadores.
b) Fotocopiadoras.
c) Fax.
d) Todas son correctas.

3. Para limpiar las pantallas de los ordenadores:

a) Deberán estar apagados y desconectados.
b) Deberán emplearse productos antiestáticos.
c) La humedad puede provocar problemas.
d) Todas son correctas.

4. La eliminación de polvo en mobiliario:

a) Se realizará empezando por los más altos y trabajando de arriba hacia abajo.
b) Se utilizará bayeta con producto capta-polvo.
c) No es importante el método de trabajo.
d) Son correctas la a) y la b).

5. Aunque cada centro tiene que definir sus frecuencias de limpieza en sus protocolos, como norma general, la limpieza a fondo del material informático se realiza como norma general:

a) Diariamente.
b) Semanalmente.
c) Mensualmente.
d) Trimestralmente.

6. En la limpieza de equipos de oficina (ordenadores personales, fotocopiad ras, etc.), ¿debe limpiarse su interior por parte del personal de limpieza?

a) Sí, pero deben desconectarse de la red eléctrica primero.
b) No, ya que de esa tarea se ocupan los correspondientes profesionales.
c) Sí, pero no de forma diaria sino semestral.
d) No, salvo en el caso de los contenedores de tóner de las fotocopiadoras.

7. ¿Cómo debe limpiarse una carcasa de ordenador?

a) Con una esponja humedecida en alcohol.
b) Con bayeta de tela sin tejer impregnada de solución de detergente multiusos.
c) Con un trapo suave ligeramente humedecido en agua.
d) Con un trapo impregnado de un producto antigrasa.

8. Como se limpian los teléfonos:

a) Sólo con agua.
b) Con un paño humedecido en solución de detergente neutro.
c) Cuando esté muy sucio, con un cepillo muy suave, impregnado de petróleo.
d) Con paño seco y quitapolvo.

9. ¿Cada cuánto tiempo se limpia la zona de micrófono de los teléfonos, si se considera necesario por razones higiénicas?

a) Diariamente.
b) Cada dos días.
c) Semanalmente.
d) Mensualmente.

10. Las sillas de piel o cuero:

a) Se utilizará champú para su limpieza.
b) El polvo se eliminará con bayeta y producto capta-polvo.
c) De vez en cuando se deberá nutrir con crema incolora.
d) Son correctas la b) y la c).

11. Las sillas tapizadas:

a) Se deberán aspirar.
h) Se limpiaran con bayeta y producto capta-polvo.
c) Se quitarán las manchas con espuma seca.
d) Son correctas la a) y la c).

12. La limpieza de las sillas tapizadas se realizará:

a) Diariamente.
b) Cada tres días.
c) Semanalmente.
d) Quincenalmente.

13. ¿Cómo se limpiarán los archivos de oficina?

a) Se limpiarán como el mobiliario lavable.
b) Se limpiarán como el mobiliario no lavable.
c) Se limpiarán diariamente.
d) Todas son correctas.

14. Las ranuras del teclado se limpian:

a) Con papel de celulosa.
b) Con una bayeta humedecida en alcohol.
c) Con una esponja impregnada en una solución de agua con alcohol.
d) Se realizará sacudiendo suavemente los teclados.

15. La limpieza diaria del fax se realiza con:

a) Un paño empapado en agua.
b) Con una bayeta de tela sin tejer humedecida en solución de detergente neutro.
c) Una bayeta mojada en agua con detergente.
d) Todas las respuestas anteriores son correctas.

16. Un camarero limpiador de oficinas necesitará, generalmente, tres bayetas, para:

a) Muebles lavables, muebles no lavables y tapicerías.
b) Cristales, madera y otros materiales.
c) Muebles lavables, muebles no lavables y otros elementos (por ejemplo, ceniceros).
d) La primera para mojar, la segunda para secar y la tercera para abrillantar.

17. El mop-sec que se usa para barrer entre muebles debe tener un ancho de:

a) 30 cm.
b) 1 m.
c) 75 cm.
d) 45 cm.

18. El cristal de la fotocopiadora debe ser limpiado con:

a) Limpiacristales.
b) Agua.
c) Alcohol y detergente.
d) Ninguna de las respuestas anteriores es correcta.

19. La limpieza exterior de una fotocopiadora se realiza con:

a) Un plumero.
b) Una esponja impregnada en detergente.
c) Una bayeta húmeda.
d) Un paño seco.

20. Los equipos informáticos deben limpiarse con:

a) Agua.
b) Productos antiestáticos.
c) Lejía.
d) Todas las respuestas anteriores son correctas.

En MADTEST tienes **más preguntas de este tema** y todos tus avances quedan registrados y se reflejan en el ranking.

¡Supera tus límites con MADTEST!

Solución al test n.º 4

1. b) Con carro mopa de doble cubo.

2. d) Todas son correctas.

3. d) Todas son correctas.

4. d) Son correctas la a) y la b).

5. d) Trimestralmente.

6. b) No, ya que de esa tarea se ocupan los correspondientes profesionales.

7. b) Con bayeta de tela sin tejer impregnada de solución de detergente multiusos.

8. b) Con un paño humedecido en solución de detergente neutro.

9. c) Semanalmente.

10. d) Son correctas la b) y la c).

11. d) Son correctas la a) y la c).

12. d) Quincenalmente.

13. a) Se limpiarán como el mobiliario lavable.

14. d) Se realizará sacudiendo suavemente los teclados.

15. b) Con una bayeta de tela sin tejer humedecida en solución de detergente neutro.

16. c) Muebles lavables, muebles no lavables y otros elementos (por ejemplo, ceniceros).

17. d) 45 cm.

18. d) Ninguna de las respuestas anteriores es correcta.

19. c) Una bayeta húmeda.

20. b) Productos antiestáticos.

TEST N.º 5

Preparación, montaje, servicio y recogida del comedor. Mobiliario, menaje y lencería utilizados en el mismo. La limpieza de comedores: Maquinaria, accesorios y utensilios empleados para la limpieza de comedores. Vocabulario

1. ¿Cuál es la fase de preparación del comedor?

a) Mise en place.
b) Montaje de mesas.
c) Repaso de materiales.
d) Todas las anteriores.

2. ¿Qué característica no tendrán las puertas que separan la cocina y el comedor?

a) Abatibles.
b) Herméticas.
c) Con ventanilla tipo ojo de buey.
d) Fáciles de abrir.

3. ¿Qué desventaja tienen las mesas rectangulares para los comensales?

a) Caben más comensales
b) Las mesas muy largas reducen las posibilidades de comunicación entre los comensales.
c) Hay menos espacio entre comensales.
d) Dificulta el servicio.

4. ¿Dónde se apoyaría par descorchar un vino?

a) En la mesa del comensal.
b) En el aparador.
c) En la cubitera, si se trata de un vino que hay que mantener en hielo.
d) En un cestillo.

5. ¿Cuál es la función del carro caliente?

a) Cocer.
b) Recalentar la comida.
c) Mantener la temperatura del alimento.
d) Todas las respuestas son correctas.

6. ¿Qué aparato sirve para calentar un plato antes de emplatar la comida?

a) Mesa caliente.
b) Calientaplatos.
c) Baño María.
d) Salamandra.

7. ¿De qué material es el muletón?

a) Textil.
b) Metal.
c) Plástico.
d) Las opciones a) y b) son correctas.

8. ¿Qué forma tiene generalmente la servilleta?

a) Rectangular.
b) Triangular.
c) Cuadrada.
d) No tiene forma definida.

9. ¿Para qué elaboración se utiliza el plato hondo?

a) Patatas fritas.
b) Sopa.
c) Tarta.
d) Paella.

10. ¿Qué cuchara es más pequeña?

a) Sopera.
b) Postre.
c) Servicio.
d) Moka.

11. Según el protocolo, para el servicio de comedores, ¿cuál de estos elementos se cubre con un mantel o similar?

a) Mesa.
b) Gueridon.
c) Entrepaños del aparador.
d) Todas las respuestas son correctas.

12. En un banquete, ¿dónde se coloca la copa de vino?

a) A la derecha de la de agua.
b) A la izquierda de la de agua.
c) A la derecha de la de cava.
d) Junto al vaso de agua.

13. ¿Cómo se debe servir el pan en la mesa?

a) Con la mano.
b) Con pinchas.
c) En cestillo.
d) Las respuestas b) y c) son correctas.

14. ¿Cuándo se desbarasa el primer plato?

a) Antes del servicio del postre.
b) Después del servicio del segundo plato.
c) Antes del servicio del segundo plato.
d) A la vez que se sirve el segundo plato.

15. ¿Cómo se llama el mueble donde colocar el material necesario para el montaje de las mesas y el servicio de las comidas en un comedor?

a) Bastidor.
b) Alacena.
c) Aparador.
d) Platero.

16. ¿Cómo se denomina la pieza gruesa de felpa o algodón normalmente, o con otra composición similar que resulte absorbente?

a) Mantel.
b) Lito.
c) Muletón.
d) Chuletón.

17. ¿Qué ventajas tiene el emplatado en cocina?

a) Más rapidez.
b) Controlar mejor el racionado.
c) Mantenimiento de la temperatura del alimento.
d) Todas las respuestas son correctas.

18. ¿Sobre cuanto grados se ha de servir el vino rosado?

a) 8 ºC.
b) 10 ºC.
c) 12 ºC.
d) 15 ºC.

19. ¿En qué tipos de platos no se puede usar campana al sacar la elaboración al comedor?

a) fritos.
b) Asados.
c) Platos calientes.
d) En todos ellos.

20. ¿Cuántas raciones puede contener cada plato?

a) Una sola.
b) Dos.
c) Tres.
d) Hasta 20.

Solución al test n.º 5

1. a) Mise en place.

2. b) Herméticas.

3. b) Las mesas muy largas reducen las posibilidades de comunicación entre los comensales.

4. En la cubitera, si se trata de un vino que hay que mantener en hielo.

5. c) Mantener la temperatura del alimento.

6. b) Calientaplatos.

7. a) Textil.

8. c) Cuadrada.

9. b) Sopa.

10. d) Moka.

11. d) Todas las respuestas son correctas.

12. a) A la derecha de la de agua.

13. d) Las respuestas b) y c) son correctas.

14. c) Antes del servicio del segundo plato.

15. c) Aparador.

16. c) Muletón.

17. d) Todas las respuestas son correctas.

18. b) 10 ºC.

19. a) fritos.

20. a) Una sola.

TEST N.º 6

Lavado, planchado y conservación de ropas y tejidos, maquinaria y accesorios. Características y tratamiento de los tejidos en las fases de lavado, plancha y almacenamiento. Productos empleados y medidas de seguridad en lavandería

1. Son características estructurales de un local de lavandería:

a) Las ventanas deberán tener una altura superior a 1,5 metros.
b) El sistema de circulación de agua para su reutilización.
c) La identificación de espacios por colores.
d) Todas las fases del proceso deben localizarse en una misma zona.

2. ¿Se pueden producir cruces entre la ropa sucia y la ropa limpia?

a) Siempre.
b) Solo cuando la ropa limpia está empaquetada.
c) Si, teniendo el máximo cuidado de que no haya contacto ente la ropa sucia y la limpia.
d) No, nunca.

3. ¿Qué tarea no corresponde al área de clasificación y lavado?

a) La selección de los programas de lavado.
b) La preparación de detergentes y otros productos.
c) La centrifugación.
d) El pesado de la ropa que se selecciona.

4. Son fases del circuito limpio:

a) Lavado, planchado y plegado.
b) Secado, planchado, plegado y almacenamiento.
c) Centrifugado, secado, planchado y plegado
d) Centrifugado, secado, planchado y almacenamiento.

5. ¿A qué proceso de planchado se someten las toallas?

a) Calandra.
b) Maniquí.
c) Túnel de secado.
d) No se planchan.

6. ¿Cómo influye el planchado en calandra sobre las manchas de grasa?

a) Ayuda a su eliminación.
b) Las fija más.
c) Emulsiona la grasa de la mancha gracias a las altas temperaturas.
d) No influye.

7. ¿Cuál de estos aspectos no deberá controlar el servicio de lavandería?

a) Costes de explotación, gestión y suministro.
b) Que el tratamiento al que se somete la ropa es eficaz, y el deterioro de los tejidos durante el proceso, mínimo.
c) La calidad del procesado de la ropa.
d) La contratación de personal.

8. ¿Qué tipo de gestión tiene la lavandería centralizada?

a) Propia.
b) Ajena.
c) Contratada.
d) Puede tener cualquier tipo de gestión.

9. ¿Qué tipo de lavandería es de mayor tamaño?

a) Descentralizada.
b) Centralizada.
c) Ajena.
d) El tamaño es igual en todos los casos.

10. ¿Cuál de estas tareas no se realiza en la sección de clasificación?

a) Pesado de la ropa.
b) Preparación de lotes para lavado
c) Clasificación de la ropa limpia.
d) Selección de programa de lavado.

11. ¿Cómo se produce la centrifugación?

a) A la fuerza de gravedad.
b) A la fuerza de tracción originada por el giro del bombo.
c) A la fuerza centrífuga.
d) Al movimiento de vaivén del bombo.

12. ¿En qué proceso se elimina toda la humedad de la ropa limpia?

a) Centrifugación.
b) Secado.
c) Lavado.
d) En ninguno de estos.

13. ¿Qué es la calandra?

a) Un equipo de lavado.
b) Un equipo de planchado.
c) Un equipo de centrifugación.
d) Un rodillo de empaquetamiento.

14. ¿Dónde se realiza el marcaje de prendas?

a) En el área de secado.
b) En el área de costura.
c) En el área de distribución.
d) En casa.

15. ¿Cómo serán las bolsas utilizadas para proteger la ropa limpia?

a) Blancas.
b) De tela y color azul.
c) De plástico transparente.
d) De lona negra.

16. ¿Por dónde entra la ropa en la lavandería?

a) Por la zona sucia.
b) Por la zona limpia.
c) Por la zona de residuos.
d) Por railes aéreos.

17. ¿Para qué se pesa la ropa sucia que entra en la lavandería?

a) Para saber cuánto se facturará a cada servicio.
b) Para calcular la dosis de detergente diaria.
c) Para controlar la producción.
d) Ninguna respuesta es correcta.

18. ¿Cómo se clasifica la ropa sucia?

a) Manualmente.
b) Automáticamente.
c) Por Departamentos.
d) No se clasifica.

19. ¿Qué ocurre cuando el peso de ropa por lavado es inferior al recomendado?

a) La ropa queda más apretada, dificultando que los productos puedan penetrar en los tejidos.
b) Las máquinas trabajan más forzadas, y el sistema se puede dañar causando una avería.
c) El consumo de agua para la producción diaria prevista es mayor.
d) Las prendas no quedan limpias.

20. ¿Cómo se carga el túnel de lavado?

a) Manualmente.
b) Mecánicamente.
c) Directamente desde el área de clasificación.
d) Por carros de empuje manual.

21. ¿Cómo atraviesa la ropa la barrera sanitaria?

a) Por una puerta de vaivén.
b) Por el exterior.
c) Por el túnel de lavado.
d) Nunca la atraviesa. La ropa no pasa de una zona a otra.

22. ¿Cuál de estas fases se realiza en la zona limpia?

a) Secado.
b) Planchado.
c) Plegado.
d) Todas las respuestas son correctas.

23. ¿Cuándo se limpiarán y desinfectarán los carros de ropa limpia?

a) Antes de pasar a la zona sucia.
b) Una vez al mes.

c) A diario.
d) Tras cada viaje.

24. ¿Qué lote de ropa se planchará en calandra?

a) Uniformes.
b) Ropa de forma.
c) Ropa de línea.
d) Ropa de baño.

25. ¿Dónde es más adecuado secar la ropa de forma?

a) En calandra.
b) En secadora.
c) En perchas que pasan por el túnel de secado.
d) En centrifugadora.

26. ¿Desde dónde llega la ropa al área de costura?

a) Desde el área de secado.
b) Desde el área de distribución.
c) Desde cualquier lugar.
d) Sólo llega ropa limpia desde cualquier punto del proceso.

27. ¿Cómo se dosifica automáticamente los productos en el túnel de lavado?

a) Con la medida del tapón.
b) Mediante el sistema de depósito de predisolución.
c) Mediante bombas.
d) Manualmente.

28. ¿Qué es falso sobre el personal de lavandería?

a) Es posible la especialización del personal en las labores correspondientes a una de las secciones.
b) La distribución del personal puede hacerse por turnos.
c) Un trabajador puede estar cambiando de circuito dentro de la misma jornada laboral, siempre que sepa desempeñar las distintas tareas.
d) El personal recibirá formación e información sobre el manejo de la maquinaria.

29. ¿Cómo pueden ser los contenedores de ropa sucia?

a) Con una estructura de tubo de acero inoxidable con saco desmontable de tejido plastificado
b) Es una estructura de plástico o resina.

c) Tienen ruedas giratorias para poder desplazarlos.
d) Todas las respuestas son correctas.

30. ¿Para qué sirve la mesa de clasificación?

a) Para separar la ropa antes del lavado.
b) Para separar la ropa limpia.
c) Para guardar la ropa limpia.
d) Para apoyarse durante el plegado de la ropa.

En MADTEST tienes **más preguntas de este tema** y todos tus avances quedan registrados y se reflejan en el ranking.

¡Supera tus límites con MADTEST!

Solución al test n.º 6

1. b) El sistema de circulación de agua para su reutilización.

2. d) No, nunca.

3. c) La centrifugación.

4. b) Secado, planchado, plegado y almacenamiento.

5. d) No se planchan.

6. b) Las fija más.

7. d) La contratación de personal.

8. a) Propia.

9. b) Centralizada.

10. c) Clasificación de la ropa limpia.

11. c) A la fuerza centrífuga.

12. b) Secado.

13. b) Un equipo de planchado.

14. b) En el área de costura.

15. c) De plástico transparente.

16. a) Por la zona sucia.

17. c) Para controlar la producción.

18. a) Manualmente.

19. c) El consumo de agua para la producción diaria prevista es mayor.

20. b) Mecánicamente.

21. c) Por el túnel de lavado.

22. d) Todas las respuestas son correctas.

23. c) A diario.

24. c) Ropa de línea.

25. c) En perchas que pasan por el túnel de secado.

26. d) Sólo llega ropa limpia desde cualquier punto del proceso.

27. c) Mediante bombas.

28. c) Un trabajador puede estar cambiando de circuito dentro de la misma jornada laboral, siempre que sepa desempeñar las distintas tareas.

29. d) Todas las respuestas son correctas.

30. a) Para separar la ropa antes del lavado.

TEST N.º 7

Aspectos ecológicos en la limpieza: Productos, problemas ambientales, reciclaje y basura (protección, manipulación, almacenamiento y eliminación)

1. ¿Qué se entiende por desarrollo sostenible?

a) Aquel que satisface las necesidades de las generaciones presentes, comprometiendo las posibilidades de las generaciones futuras para atender las suyas.
b) Aquel que permite el desarrollo de las generaciones futuras, a costa de obviar las necesidades presentes.
c) Aquel que satisface las necesidades de las generaciones presentes, sin comprometer las posibilidades de las generaciones futuras para atender las suyas.
d) Es un concepto que todavía está por definir.

2. ¿Cuáles de las siguientes finalidades engloba el concepto de desarrollo sostenible?

a) Desarrollo económico.
b) Sostenibilidad ambiental.
c) Equidad social.
d) Todas las respuestas son correctas.

3. ¿Qué plantea básicamente el Informe Brundtland en 1987?

a) Que la protección y conservación del medio ambiente debe basarse en el concepto de desarrollo sostenible.
b) Que se debe frenar el desarrollo económico e industrial, para proteger el medio ambiente.
c) Que el desarrollo económico y la sostenibilidad ambiental, son conceptos incompatibles.
d) Todas las respuestas son correctas.

4. ¿Qué es la Agenda 21?

a) Un convenio sobre cambio climático.
b) Un programa de acción para alcanzar los objetivos del desarrollo sostenible en todos los países.

c) Una declaración sobre medio ambiente y desarrollo.

d) Un documento donde se programan todas las reuniones que tendrán lugar en el siglo 21.

5. ¿Qué consecuencias tiene el efecto invernadero?

a) El calentamiento de la tierra.

b) El enfriamiento de la tierra.

c) La eutrofización de las aguas.

d) Todas las respuestas son correctas.

6. ¿Qué efecto tienen los incendios sobre el medio ambiente?

a) Liberación de CO_2 a la atmósfera.

b) Liberación de CFCs a la atmósfera.

c) Deforestación.

d) Las opciones a) y c) son correctas.

7. ¿Cuáles son las consecuencias del cambio climático?

a) Disminución de la lluvia y largos periodos de sequía.

b) Lluvias torrenciales e inundaciones.

c) Deshielo de glaciares.

d) Todas las respuestas son correctas.

8. ¿Qué problemas causa el ozono troposférico?

a) Se ha formado un agujero en la capa.

b) Resulta perjudicial para la salud humana a elevadas concentraciones.

c) Se desplaza a los polos dejando desprotegidas otras zonas de la tierra.

d) Todas las respuestas son correctas.

9. Indica cuál de las siguientes afirmaciones es falsa:

a) El suelo puede contaminarse por acumulación de determinadas sustancias.

b) Cuando su capacidad de almacenamiento llega al límite, los contaminantes son liberados a otros medios.

c) Los contaminantes del suelo no van a entrar en la cadena trófica.

d) Las respuestas a) y b) son correctas.

10. Los objetivos que se establecen respecto a los residuos, por orden de prioridad, son:

a) Reducción, reutilización, reciclado, eliminación y otras formas de valorización.

b) Reutilización, reciclado, reducción y eliminación.

c) Reciclado, reducción, reutilización y eliminación.

d) Eliminación, reciclado, reutilización y reducción.

11. ¿Qué es la valorización de los residuos?

a) Cualquier procedimiento que permita el aprovechamiento de los recursos conteni-dos en los residuos, sin poner en peligro la salud humana
b) La reducción de los residuos.
c) La reutilización de los residuos, sin poner en peligro la salud humana.
d) Ninguna respuesta es correcta.

12. ¿Cuáles de los siguientes parámetros se usan para definir la calidad del agua?

a) Concentración, temperatura y turbidez.
b) DBO y DQO.
c) CFCs y COVs.
d) Las respuestas a) y b) son correctas.

13. ¿Qué consecuencias tiene la concentración de materia orgánica en el agua de los ríos?

a) La eutrofización.
b) La proliferación de todas las especies animales.
c) El aumento de la biodiversidad.
d) Todas las anteriores son consecuencias.

14. ¿A partir de qué intensidad de ruido se entra en el umbral del dolor para el oído humano?

a) 80 dB.
b) 120 dB.
c) 20 dB.
d) 1200 dB.

15. ¿Qué contenido contaminante lleva el agua procedente del fregado de la vajilla?

a) Restos de suciedades orgánicas.
b) Resto de productos.
c) Ambas respuestas son correctas.
d) Ambas respuestas son falsas.

16. ¿Qué efectos tienen los fosfatos que componen los detergentes?

a) Eutrofización de las aguas.
b) Contaminación atmosférica.
c) Contaminación lumínica.
d) Cambios de pH.

17. ¿Qué es la biodegradabilidad?

a) La capacidad no contaminante.
b) La capacidad de ser degradado de forma natural.
c) Una propiedad de todos los detergentes.
d) La posibilidad de acumulación en los ríos.

18. Los productos de limpieza en seco, ¿son contaminantes?

a) Sí, porque llevan disolventes.
b) No.
c) Sí, porque llevan tensioactivos.
d) No, porque sólo generan espuma.

19. ¿Qué son los lodos de depuración?

a) Restos de alimentos que se vierten en el agua.
b) Restos de contaminantes y bacterias muertas que se vierten con el agua.
c) Restos de contaminantes y bacterias muertas resultantes del proceso de depuración de agua.
d) Residuos reutilizables para depuración.

20. ¿Qué destino se le dará a los lodos de depuración?

a) Reciclado.
b) Incineración.
c) Depósito en vertederos.
d) Reutilización.

21. ¿Dónde se definió el desarrollo sostenible?

a) Conferencia de Estocolmo.
b) Declaración de Río.
c) Informe Brundtland.
d) Ninguna respuesta es correcta.

22. Según la declaración de Río, ¿qué finalidad engloba el concepto de desarrollo sostenible?

a) El desarrollo ambiental.
b) La sostenibilidad económica.
c) La equidad social.
d) El desarrollo social.

23. Según la declaración de Río, ¿cómo se define el reparto de los bienes naturales para mejorar las condiciones de vida generales?

a) Desarrollo sostenible.
b) Desarrollo económico.
c) Equidad social.
d) Sostenibilidad ambiental.

24. ¿Dónde tuvo lugar la primera Conferencia Mundial sobre problemática ambiental?

a) Río.
b) Estocolmo.
c) Alemania.
d) Ninguna respuesta es correcta.

25. ¿Cómo se llama el informe publicado en 1987 por la Comisión Mundial del Medio Ambiente y el Desarrollo?

a) Berger.
b) Informe sobre desarrollo sostenible y medio ambiente.
c) Brundtland.
d) Informe general de protección ambiental.

26. ¿Llega a la superficie terrestre toda la energía emitida por el Sol?

a) Sí.
b) No, solo la radiación ultravioleta.
c) No, solo la luz visible.
d) Tanto la luz visible como la ultravioleta.

27. ¿Cuál de los siguientes gases no produce un efecto invernadero?

a) CFC.
b) Metano.
c) Oxígeno.
d) Dióxido de carbono.

28. ¿Qué efecto directo tiene el calentamiento global de la tierra?

a) Se suavizan las temperaturas.
b) Se extreman las temperaturas.
c) Se produce un cambio climático.
d) Ninguna respuesta es correcta.

29. ¿Qué ocurre como consecuencia del deshielo de glaciares?

a) Disminución del nivel del mar.
b) Inundación de zonas costeras.
c) Disminución de la temperatura ambiental.
d) Todas las respuestas son ciertas.

30. ¿Qué función tiene la capa de ozono?

a) Impedir el paso de la radiación solar.
b) Impedir la salida de la radiación emitida por la tierra.
c) Impedir la salida de partículas acumuladas en la atmósfera.
d) Todas las respuestas son correctas.

En MADTEST tienes **más preguntas de este tema** y todos tus avances quedan registrados y se reflejan en el ranking.

¡Supera tus límites con MADTEST!

Solución al test n.º 7

1. c) Aquel que satisface las necesidades de las generaciones presentes, sin comprometer las posibilidades de las generaciones futuras para atender las suyas.

2. d) Todas las respuestas son correctas.

3. a) Que la protección y conservación del medio ambiente debe basarse en el concepto de desarrollo sostenible.

4. b) Un programa de acción para alcanzar los objetivos del desarrollo sostenible en todos los países.

5. a) El calentamiento de la tierra.

6. d) Las opciones a) y c) son correctas.

7. d) Todas las respuestas son correctas.

8. b) Resulta perjudicial para la salud humana a elevadas concentraciones.

9. c) Los contaminantes del suelo no van a entrar en la cadena trófica.

10. a) Reducción, reutilización, reciclado, eliminación y otras formas de valorización.

11. a) Cualquier procedimiento que permita el aprovechamiento de los recursos contenidos en los residuos, sin poner en peligro la salud humana.

12. d) Las respuestas a) y b) son correctas.

13. a) La eutrofización.

14. b) 120 dB.

15. c) Ambas respuestas son correctas.

16. a) Eutrofización de las aguas.

17. b) La capacidad de ser degradado de forma natural.

18. a) Sí, porque llevan disolventes.

19. c) Restos de contaminantes y bacterias muertas resultantes del proceso de depuración de agua.

20. b) Incineración.

21. b) Declaración de Río.

22. c) ! a equidad social.

23. c) Equidad social.

24. b) Estocolmo.

25. c) Brundtland.

26. c) No, solo la luz visible.

27. c) Oxígeno.

28. c) Se produce un cambio climático.

29. b) Inundación de zonas costeras.

30. a) Impedir el paso de la radiación solar.

TEST N.º 8

Manipulación de alimentos: Principales riesgos, enfermedades de origen alimentario y medidas para su prevención. Prácticas correctas de higiene en la manipulación de los alimentos: Superficies, locales, maquinarias y equipos. Normas de higiene personal. Alteración de los alimentos. Contaminación y condiciones que favorecen el desarrollo de los gérmenes

1. ¿Cuál es el objeto del Real Decreto 1021/2022, de 13 de diciembre?

a) Establecer los requisitos en materia de higiene de la producción, elaboración, transporte, almacenamiento y comercialización de los productos alimenticios en establecimientos de comercio al por menor.

b) Establecer los requisitos en materia de higiene de la producción, elaboración, transporte, almacenamiento y comercialización de los productos alimenticios en establecimientos de comercio al por mayor.

c) Flexibilizar los requisitos relativos a los establecimientos de comercio al por menor que regula el Reglamento 3484/2000, de 29 de diciembre.

d) Dar rigidez a los requisitos establecidos en el Reglamento 852/2004.

2. ¿Cómo se define "colectividad" en el Real Decreto 1021/2022, de 13 de diciembre?

a) Conjunto de personas consumidoras con unas características similares que demandan un servicio de comidas preparadas.

b) Establecimiento que da servicio de comidas a un conjunto de personas consumidoras con unas características similares que demandan un servicio de comidas preparadas.

c) Empresa que realiza la venta al por mayor de comidas preparadas.

d) Todas las respuestas son correctas.

3. Cuando un producto elaborado en el propio establecimiento se congela, ¿qué fecha se indicará en el envase?

a) Elaboración o transformación.
b) Congelación.
c) Caducidad o consumo preferente.
d) Todas las respuestas son correctas.

4. ¿Los alimentos congelados se pueden poner a la venta tras descongelar?

a) Sí, indicando la denominación del alimento y la palabra "descongelado".
b) Sí, no será necesario indicarlo.
c) No, nunca.
d) Sólo en el caso del pescado, y siempre que se informe al comprador.

5. ¿Cuál es el Reglamento de la Unión Europea relativo a la higiene de los productos alimenticios?

a) Reglamento (CE) n.º 2073/2005.
b) Reglamento (CE) n.º 853/2004.
c) Reglamento (CE) n.º 852/2004.
d) Reglamento (UE) 2017/625.

6. ¿Cuál de los siguientes no es un objetivo del Real Decreto 1086/2020, de 9 de diciembre, que recoge los requisitos para los establecimientos de comidas preparadas?

a) Fomentar el consumo de alimentos de otros países.
b) Promover la alimentación saludable.
c) Prevenir la obesidad.
d) Fomentar la actividad física.

7. ¿Cuál de los siguientes no es un establecimiento de comercio al por menor según recoge el Real Decreto 1086/2020, del 09 de diciembre?

a) Un local ambulante.
b) Un centro escolar donde se celebra ocasionalmente una fiesta infantil.
c) Un restaurante que da servicio a domicilio.
d) Todas las respuestas son correctas.

8. ¿Según el Real Decreto 1021/2022, de 13 de diciembre, a qué temperatura interna se mantendrá la carne de ungulados domésticos?

a) Igual o inferior a 3 °C.
b) Igual o inferior a 4 °C.
c) Igual o inferior a 7 °C.
d) Igual o inferior a 10 °C.

9. Según el artículo 30 del Real Decreto 1086/2020, de 9 de diciembre, una comida preparada que se va a refrigerar por un periodo inferior a 24 h, ¿a qué temperatura se debe conservar?

a) 4 °C.
b) 8 °C.

c) 63 ºC.
d) -18 ºC.

10. ¿En qué caso es aplicable el Reglamento 178/2002, de 28 de enero?

a) A la producción primaria para uso privado.
b) A todas las etapas de la producción.
c) A todas las etapas de la producción para consumo propio.
d) Las respuestas b) y c) son correctas.

11. ¿Cuál de estas prácticas es obligatoria para facilitar la trazabilidad de un alimento?

a) La esterilización del producto.
b) La correcta alimentación del ganado.
c) El etiquetado e identificación del producto.
d) El correcto almacenamiento.

12. Los contenedores utilizados para transporte de productos alimenticios, ¿podrán transportar algo que no sean productos alimenticios?

a) No, nunca.
b) Sí, siempre que exista una separación efectiva de los productos para evitar contaminación.
c) Sí, no tienen por qué ser exclusivos para productos alimenticios.
d) Cada producto debe ir obligatoriamente en un contenedor, aunque podrá ser transportado en el mismo vehículo.

13. ¿Qué dice el Reglamento 852/2004 sobre los contenedores de desperdicios de productos alimenticios?

a) Estarán provistos de cierre y se mantendrán limpios.
b) Tendrán una capacidad de 10 metros cúbicos.
c) Serán de color negro.
d) Todas las respuestas son correctas.

14. ¿Qué afirmación es correcta sobre los envases de productos alimenticios?

a) Serán siempre no reutilizables.
b) Serán reutilizables y de material permeable.
c) Se almacenarán de manera que se garantice su integridad.
d) Todas las respuestas son correctas.

15. El sistema de APPCC tiene como objetivo:

a) Establecer un plan de emergencia para el caso de incendio.
b) Identificar, valorar y controlar los peligros sanitarios e higiénicos asociados al conjunto y a cada una de las fases de la cadena alimentaria.

c) Analizar las pautas de comportamiento de los trabajadores.
d) Ninguna de las anteriores respuestas es la correcta.

16. ¿Qué tipo de alimento es el arroz?

a) Perecedero.
b) Semiperecedero.
c) No perecedero.
d) Inestable.

17. ¿A qué temperatura mueren la mayoría de los microorganismos?

a) A -18 ºC.
b) A 50 ºC.
c) A 65 ºC.
d) A 100 ºC.

18. ¿Cuáles de los siguientes microorganismos son parásitos?

a) Salmonella, Clostridium y Vibrio.
b) Hepatitis, Norwalk y Virus de la encelopatía espongiforme bovina.
c) Triquina, Anisakis y protozoos.
d) Todas las respuestas son correctas.

19. ¿Cuál de las siguientes bacterias se puede encontrar en las ostras?

a) Yersinia.
b) *Campylobacter.*
c) *Bacillus.*
d) Estafilococo.

20. ¿Cuál de las siguientes bacterias se puede encontrar en la harina?

a) Yersinia.
b) *Campylobacter.*
c) *Bacillus.*
d) Estafilococo.

21. ¿Qué síntomas se producen en la brucelosis?

a) Fiebre, dolor de cabeza y pérdida de apetito.
b) Fiebre, dolor muscular y parálisis facial.
c) Diarreas hemorrágicas.
d) Ninguno de los anteriores.

22. ¿De dónde proceden las micotoxinas?

a) Alimentos.
h) Hongos.
c) Agua.
d) Vías respiratorias altas.

23. ¿Qué problemas causa el virus Norwalk?

a) Hemorragia.
b) Parálisis.
c) Gastroenteritis.
d) Muerte.

24. ¿Qué enfermedad es la encefalopatía espongiforme bovina?

a) Enfermedad de las vacas locas.
b) Hepatitis A.
c) Cólera.
d) Ninguna de las anteriores.

25. ¿Qué alimento puede portar el parásito causante de la triquinosis?

a) Fruta.
b) Pescado.
c) Carne.
d) Verdura.

26. ¿Qué es el Anisakis?

a) Un virus.
b) Un parásito.
c) Una bacteria.
d) Un hongo.

27. ¿Cómo se denomina la aparición en dos o más personas en un mismo lugar, de una enfermedad debida a una infección?

a) Toxiinfección.
b) Brote epidemiológico.
c) Pandemia.
d) Zoonosis.

28. ¿En qué consiste la vigilancia epidemiológica?

a) En hacer control de calidad.
b) Es un plan de prevención de riesgos alimentarios.
c) En realizar estudios de los brotes para determinar la causa y proponer medidas.
d) Es una red de control del comercio de productos alimenticios.

29. ¿Para qué sirve el análisis cuando aparece un brote de toxiinfección alimentaria?

a) Para prevenir.
b) Para detectar rápidamente la causa.
c) Para eliminar la contaminación.
d) Para nada.

30. ¿Qué cantidad mínima se ha de recoger en la muestra de las comidas testigo?

a) Una ración individual de como mínimo de 100 g.
b) Dos raciones de 50 g cada una.
c) Una ración individual de como mínimo de 250 g.
d) Todas son correctas.

En MADTEST tienes **más preguntas de este tema** y todos tus avances quedan registrados y se reflejan en el ranking.

¡Supera tus límites con MADTEST!

Solución al test n.º 8

1. a) Establecer los requisitos en materia de higiene de la producción, elaboración, transporte, almacenamiento y comercialización de los productos alimenticios en establecimientos de comercio al por menor.

2. a) Conjunto de personas consumidoras con unas características similares que demandan un servicio de comidas preparadas.

3. d) Todas las respuestas son correctas.

4. a) Sí, indicando la denominación del alimento y la palabra "descongelado".

5. c) Reglamento (CE) n.º 852/2004.

6. a) Fomentar el consumo de alimentos de otros países.

7. b) Un centro escolar donde se celebra ocasionalmente una fiesta infantil.

8. c) Igual o inferior a 7 °C.

9. b) 8 °C.

10. b) A todas las etapas de la producción.

11. c) El etiquetado e identificación del producto.

12. b) Sí, siempre que exista una separación efectiva de los productos para evitar contaminación.

13. a) Estarán provistos de cierre y se mantendrán limpios.

14. c) Se almacenarán de manera que se garantice su integridad.

15. b) Identificar, valorar y controlar los peligros sanitarios e higiénicos asociados al conjunto y a cada una de las fases de la cadena alimentaria.

16. c) No perecedero.

17. d) A 100 ºC.

18. c) Triquina, Anisakis y protozoo.

19. a) Yersinia.

20. c) Bacillus.

21. a) Fiebre, dolor de cabeza y pérdida de apetito.

22. b) Hongos.

23. c) Gastroenteritis.

24. a) Enfermedad de las vacas locas.

25. c) Carne.

26. b) Un parásito.

27. b) Brote epidemiológico.

28. c) En realizar estudios de los brotes para determinar la causa y proponer medidas.

29. b) Para detectar rápidamente la causa.

30. a) Una ración individual de como mínimo de 100 g.

TEST N.º 9

Conceptos básicos en la prevención de riesgos laborales: Clasificación y prevención de los riesgos. Medidas preventivas con los productos de limpieza en su uso y almacenamiento de cara al trabajador y al usuario. Medidas de seguridad más importantes. Medidas preventivas y pautas de actuación ante una emergencia. Prevención de incendios. Planes de emergencia y evacuación

1. ¿Qué se entiende por "riesgo laboral"?

a) La posibilidad de que un trabajador sufra un determinado daño derivado del trabajo.
b) La posibilidad de que un trabajador sufra una enfermedad en el trabajo.
c) La posibilidad de que un trabajador sufra acoso.
d) El riesgo que supone el ir a trabajar.

2. Indica cuál es la definición de prevención:

a) La probabilidad racional de que un riesgo se materialice de forma inminente.
b) El estudio de los procesos potencialmente peligrosos para el trabajo.
c) Conjunto de actividades o medidas adoptadas o previstas en todas las fases de actividad de la empresa con el fin de evitar o disminuir los riesgos derivados del trabajo.
d) Posibilidad de que un trabajador sufra un determinado daño derivado del trabajo.

3. Según establece el art. 4 de la Ley 31/1995, de 8 de noviembre, de Prevención de Riesgos Laborales, se define como daños derivados del trabajo:

a) La posibilidad de que un trabajador sufra un determinado daño derivado del trabajo.
b) El que resulte probable racionalmente que se materialice en un futuro inmediato y pueda suponer y pueda suponer un daño grave para la salud de los trabajadores.
c) Las enfermedades, patologías o lesiones sufridas con motivo u ocasión del trabajo.
d) Cualquier máquina, aparato, instrumento o instalación utilizada en el trabajo.

4. El objeto y carácter de la norma de la Ley 31/95 de Prevención de Riesgos Laborales dice:

a) La presente Ley tiene por objeto promover la salud de los trabajadores mediante la aplicación de medidas y el desarrollo de las actividades necesarias para la prevención de riesgos derivados del trabajo.

b) La presente Ley tiene por objeto promover la seguridad y la salud de los trabajadores mediante la aplicación de medidas y el desarrollo de las actividades necesarias para la prevención de riesgos derivados del trabajo.

c) La presente Ley tiene por objeto promover la seguridad de los trabajadores mediante la aplicación de medidas y el desarrollo de las actividades necesarias para la prevención de riesgos derivados del trabajo.

d) La presente Ley tiene por objeto promover la seguridad, la salud de los trabajadores y la negociación entre empresa y delegados de prevención, mediante la aplicación de medidas y el desarrollo de las actividades necesarias para la prevención de riesgos derivados del trabajo.

5. Cualquier característica del trabajo que pueda tener una influencia significativa en la generación de riesgos para la seguridad y la salud del trabajador, es:

a) Una condición de trabajo.
b) Un factor de riesgo.
c) Un proceso potencialmente peligroso.
d) Una zona peligrosa.

6. Toda lesión corporal que el trabajador sufra con ocasión del trabajo que ejerza por cuenta ajena:

a) Es un riesgo laboral.
b) Es un accidente.
c) Es una enfermedad profesional.
d) Es una simple circunstancia.

7. Señala la respuesta incorrecta:

a) La Ley de Prevención de Riesgos Laborales se aplica a los operativos de Seguridad civil en casos de catástrofe.
b) La Ley de Prevención de Riesgos Laborales se aplica a las sociedades cooperativas.
c) En el ámbito de la relación laboral de carácter especial del servicio del hogar familiar, las personas trabajadoras tienen derecho a una protección eficaz en materia de seguridad y salud en el trabajo.
d) En los establecimientos penitenciarios, se adaptarán a la Ley de Prevención de Riesgos Laborales aquellas actividades cuyas características justifiquen una regulación especial.

8. Para calificar un riesgo desde el punto de vista de su gravedad, se valorarán conjuntamente la severidad del daño y:

a) La probabilidad de que se produzca.
b) La cantidad de trabajadores de la empresa.
c) La existencia o no de equipos individuales de protección.
d) Las condiciones de trabajo.

9. ¿Quién debe garantizar a los trabajadores la vigilancia periódica de su estado de salud en función de los riesgos inherentes al trabajo?

a) La Inspección de Trabajo.
b) El propio trabajador.
c) El empresario.
d) Las secciones sindicales.

10. El derecho básico reconocido a los trabajadores por la Ley 31/1995, de 8 de noviembre, es:

a) La vigilancia de su estado de salud.
b) Una protección eficaz en materia de seguridad y salud en el trabajo.
c) La formación en materia preventiva.
d) La información, consulta y participación.

11. Entre los principios de la acción preventiva recogidos por el artículo 15 de la Ley de Prevención de Riesgos Laborales, no figura:

a) Evitar los riesgos.
b) Evaluar los riesgos que se puedan evitar.
c) Tener en cuenta la evolución de la técnica.
d) Dar las debidas instrucciones a los trabajadores.

12. En el marco de sus responsabilidades, el empresario realizará la prevención de los riesgos laborales mediante la integración en la empresa de:

a) Los equipos de protección individual.
b) Los Servicios de Prevención propios.
c) La actividad preventiva.
d) La normativa comunitaria.

13. Es un instrumento esencial para la gestión y aplicación del Plan de prevención de riesgos laborales:

a) La jerarquización de la estructura preventiva.
b) La elección de los equipos de trabajo.

c) La evaluación de riesgos.
d) La vigilancia de la salud.

14. La prevención de riesgos laborales deberá integrarse en el sistema general de gestión de la empresa a través de:

a) La política preventiva.
b) El plan de prevención.
c) El consenso de las partes.
d) El poder de decisión del empresario.

15. Podrán realizar el plan de prevención de riesgos laborales, la evaluación de riesgos y la planificación de la actividad preventiva de forma simplificada, en atención a la naturaleza y peligrosidad de las actividades realizadas, empresas cuyo número de trabajadores no exceda de:

a) 30.
b) 50.
c) 80.
d) 100

En MADTEST tienes **más preguntas de este tema** y todos tus avances quedan registrados y se reflejan en el ranking.

¡Supera tus límites con MADTEST!

Solución al test n.º 9

1. a) La posibilidad de que un trabajador sufra un determinado daño derivado del trabajo.

2. c) Conjunto de actividades o medidas adoptadas o previstas en todas las fases de actividad de la empresa con el fin de evitar o disminuir los riesgos derivados del trabajo.

3. c) Las enfermedades, patologías o lesiones sufridas con motivo u ocasión del trabajo.

4. b) La presente Ley tiene por objeto promover la seguridad y la salud de los trabajadores mediante la aplicación de medidas y el desarrollo de las actividades necesarias para la prevención de riesgos derivados del trabajo.

5. a) Una condición de trabajo.

6. b) Es un accidente.

7. a) La Ley de Prevención de Riesgos Laborales se aplica a los operativos de Seguridad civil en casos de catástrofe.

8. a) La probabilidad de que se produzca.

9. c) El empresario.

10. b) Una protección eficaz en materia de seguridad y salud en el trabajo.

11. b) Evaluar los riesgos que se puedan evitar.

12. c) La actividad preventiva.

13. c) La evaluación de riesgos.

14. b) El plan de prevención.

15. b) 50.

Ley de Igualdad entre Mujeres y Hombres y contra la Violencia de Género en Extremadura: Disposiciones generales. Violencia de Género: Disposiciones Generales

1. Según la Ley 8/2011 de Igualdad de Extremadura, el principio general de actuación que impone a los poderes públicos de Extremadura, en el marco de sus competencias, la obligación de adoptar medidas específicas a favor de las mujeres para corregir situaciones patentes de desigualdad de hecho respecto de los hombres, que serán aplicables en tanto subsistan dichas situaciones, habrán de ser razonables y proporcionadas en relación con el objetivo perseguido en cada caso, se denomina:

a) La igualdad de oportunidades.
b) El respeto a la diversidad y la diferencia.
c) La igualdad de trato entre mujeres y hombres.
d) Acción positiva.

2. Según la Ley 8/2011, ¿qué medidas se establecen para combatir la violencia de género?

a) Exclusivamente la atención a mujeres víctimas de violencia.
b) Sanciones económicas a los agresores.
c) Sensibilización, prevención y derechos de asistencia, protección y recuperación integral para las víctimas y sus familias.
d) Eliminación de los derechos laborales de los agresores.

3. Las técnicas de análisis y planificación que tienen en cuenta la interacción que se produce entre el género y otros factores de discriminación, con el objetivo de atender a la diversidad de las mujeres, mediante la puesta en marcha de mecanismos antidiscriminación de acción integral, se llaman:

a) La interseccionalidad.
b) La transversalidad.
c) La representación equilibrada.
d) El fomento de la diversidad y la diferencia.

4. Según el artículo 2 de la Ley 8/2011, la ley será de aplicación en el ámbito territorial de la Comunidad Autónoma de Extremadura para los siguientes colectivos salvo uno. Indica cuál:

a) Universidad de Extremadura.

b) Todas las entidades que realicen actividades educativas y de formación cualquiera que sea su tipo, nivel y grado.

c) Las Fuerzas Armadas.

d) A las entidades privadas que suscriban contratos o convenios de colaboración con las Administraciones Públicas de Extremadura o sean beneficiarias de ayudas o subvenciones concedidas por ellas.

5. Se entiende que cualquier tipo de trato desfavorable relacionado con el embarazo, la maternidad o la paternidad constituye:

a) Una situación de desigualdad.

b) Discriminación directa por razón de sexo.

c) Discriminación indirecta.

d) Acoso por razón de sexo.

6. ¿Qué implica la "igualdad de oportunidades" según el artículo 3 de la Ley 8/2011?

a) Adoptar medidas para garantizar el acceso a derechos y eliminar discriminación.

b) Tratar a todos de manera idéntica en cualquier situación.

c) Promover leyes generales sin intervención específica en desigualdades.

d) Establecer políticas laborales únicamente para mujeres.

7. En virtud del principio de ruptura de la brecha de género en la Sociedad de la Información, el Conocimiento y la Imaginación ¿Qué han de priorizar los poderes públicos extremeños para la supresión de cualquier tipo de discriminación y el fomento de la igualdad entre mujeres y los hombres?

a) Promover el acceso exclusivo de las mujeres a la tecnología.

b) Implementar políticas de discriminación positiva para hombres.

c) Considerar las implicaciones de género en el avance estratégico hacia la igualdad.

d) Establecer cuotas de participación femenina en empresas tecnológicas.

8. ¿Qué se entiende por "acción positiva" en el marco de esta ley?

a) Programas diseñados exclusivamente para mujeres empresarias.

b) Medidas específicas para corregir desigualdades mediante políticas afirmativas.

c) Aplicación de políticas de igualdad solo en el ámbito educativo.

d) Exclusión de hombres en sectores donde predominan las mujeres.

9. ¿Qué principio fomenta la representación equilibrada según la Ley 8/2011?

a) La promoción exclusiva de mujeres en cargos públicos.
b) La imposición de cuotas exclusivamente femeninas en empresas privadas.
c) La reducción de la participación masculina en las candidaturas políticas.
d) La paridad de género en órganos de representación y toma de decisiones.

10. ¿Qué se entiende por "discriminación interseccional"?

a) La discriminación basada únicamente en el género.
b) La discriminación que combina racismo y sexismo.
c) La discriminación debida a la orientación sexual.
d) La discriminación causada por el lugar de residencia.

En MADTEST tienes **más preguntas de este tema** y todos tus avances quedan registrados y se reflejan en el ranking.

¡Supera tus límites con MADTEST!

Solución al test n.º 10

1. d) Acción positiva.

2. c) Sensibilización, prevención y derechos de asistencia, protección y recuperación integral para las víctimas y sus familias.

3. a) La interseccionalidad.

4. c) Las Fuerzas Armadas.

5. b) Discriminación directa por razón de sexo.

6. a) Adoptar medidas para garantizar el acceso a derechos y eliminar discriminación.

7. c) Considerar las implicaciones de género en el avance estratégico hacia la igualdad.

8. b) Medidas específicas para corregir desigualdades mediante políticas afirmativas.

9. d) La paridad de género en órganos de representación y toma de decisiones.

10. b) La discriminación que combina racismo y sexismo.

Cómo acceder al Curso
Camarero/a-Limpiador/a (Personal Laboral Grupo V)
Test

El uso de los códigos **es exclusivo de los compradores de los productos de Editorial MAD**. Cada producto posee un código único y de un solo uso. Es personal e intransferible y da acceso a servicios y contenidos adicionales. Editorial MAD se reserva el derecho de hacer cuantas comprobaciones sean necesarias para identificar al legítimo poseedor del código y dejar de dar servicio a quien haga uso fraudulento del mismo, además de emprender cuantas acciones legales estime oportunas según la legislación vigente.

Deberás acceder a:

mad.es/registro-campus

Si una vez aceptadas las condiciones de uso del Campus decides hacer uso del mismo, necesitarás del siguiente código de acceso junto con los códigos del resto de títulos que se exigen (si fuera el caso):

48UPCDKN5F